Mefibosete

Experimentando o favor do Rei

By Giselle Alves
Copyright Vine Press©2017
Todos os direitos reservados

Giselle Alves

Mefibosete

Experimentando o favor do Rei

Coordenação
Adriano Freitas

Revisão
Marcos Botelho

Capa e Projeto Gráfico
Michele Fogaça

Diagramação
Michele Fogaça

Mefibosete – Experimentando o favor do Rei

Giselle Alves

© 2017 Vine Press

Primeira edição - 2017

© 2017 Giselle Alves

Publicado com a devida autorização de Giselle Alves, porVine Press Publicações

Todos os direitos reservados por Editora Vine Press
Rua Boaventura, 1480, Liberdade - Belo Horizonte/MG
Cep 31.270-310
editoravinepress@gmail.com
www.celulashop.com
Todos os direitos reservados.

Dados Internacionais de Catalogação na Publicação (CIP-Brasil)

Alves, Giselle
Mefibosete – Experimentando o favor do Rei, Giselle Alves
Belo Horizonte: Vine Press, 2017
ISBN: 978-1-937442-08-8
1. Vida Cristã. 2. Espiritualidade I. Título

Agradecimentos

Primeiramente quero agradecer a Deus meu Senhor que me tirou de Lo Debar, me salvou, curou, restaurou completamente e me trouxe para a mesa do Rei Jesus. Eu não poderia escrever esse livro se eu não tivesse experimentando do favor do Rei.

Agradeço ao meu esposo Márcio que se empenhou junto comigo para que esse livro existisse, te amo meu amor, você me incentiva e inspira todos os dias, obrigada por ser um marido tão amável, um pai presente e um pastor dedicado.

Quero agradecer a todos os "Davis" que passaram por minha vida e me marcaram pelo amor e investimento. Minha mãe linda, Ledi, meu pai Malciron, obrigada pelas orações e por introduzir Jesus na minha vida ainda quando eu era criança. Minhas irmãs Aline e Carol que foram a primeira expressão de amizade em minha vida, amo vocês, e sinto saudades da nossa infância feliz.

Pastores Marcos e Karine Chelotti, vocês foram essenciais no início da minha caminhada cristã, obrigada por todo amor, vocês tem parte nos meus frutos, e na realização deste livro, os amo demais.

Pastora Janaína Freitas, obrigada por me levantar líder de célula kids e ver em mim um potencial que nem eu mesma enxergava.

Pastora Marília Pedroza que gerou em meu coração o encargo e compaixão pelas crianças, obrigada pastora, seu discipulado excelente transformou a minha vida em todas as áreas, serei eternamente grata ao Senhor por sua vida, te amo.

Pastora Walneide Almeida que investe em minha vida e ministério diariamente, você é admirável como esposa, mãe e pastora, sou grata ao Senhor por andar com uma grande mulher de Deus como você, te amo muito.

Pastora Márcia Silva obrigada por ter ouvido e acreditado que era a Voz de Deus te falando para investir nesse rebanho tão precioso, seu ministério impactou a minha vida e a vida de milhares de pastoras no Brasil e ao redor do mundo, te amo.

Pastor Marcelo Almeida obrigada pelo preço que você pagou há anos atrás saindo do Brasil para alcançar os Mefibosetes nas nações, você é uma fonte de inspiração inesgotável.

Obrigada a minha equipe de pastoras e líderes do ministério kids nos USA, vocês são um presente de Deus para mim, juntos nós iremos conquistar milhões de crianças em cada estado dessa nação.

Obrigada a minha primeira discípula Ester, que acreditou e sonhou comigo neste grande projeto de alcançar as crianças.

Dedico este livro ao meu precioso rebanho, Arthur, Sophia, Joshua e as milhares de crianças preciosas que o senhor tem me confiado.

Sumário

Introdução

Não podemos entender sobre Mefibosete e o favor recebido, se não entendermos também quem é Davi.

Davi – um homem amado por Deus – foi ungido para um grande propósito. Tornou-se o maior rei da história de Israel. Assim como vários exemplos nas Escrituras, Davi aponta para Cristo.

Podemos ver na vida deste rei a ação do Espírito Santo operando na mesma graça, amor e fidelidade de Cristo para conosco. No livro do profeta Samuel, ele se apresentou como um instrumento de bondade e grande generosidade por amor a Jônatas – filho de Saul – e seus descendentes.

Mefibosete é um personagem interessante na narrativa bíblica. Neto de Saul, filho de Jônatas, sua vida foi marcada por grandes tragédias: mortes, feridas, frustrações e isolamento. Quando tinha apenas 5 anos de idade, seu pai e avô morreram em batalha e ele se tornou coxo de ambos os pés. Isso afetou drasticamente a história desse garoto, pois seus traumas começaram ainda na infância.

Porém, a história deste rapaz começa a mudar quando Davi, já estabelecido como rei de Israel, decide favorecer alguém da casa de Saul para usar de bondade, generosidade e lealdade, fruto da aliança que fizera com Jônatas (2Sm 9.1).

Nada do que Mefibosete recebeu foi resultado de seu esforço ou merecimento. O filho de Jônatas não era um homem merecedor de honras. Nem tampouco ele foi alcançado por algum tipo de programa de governo ou privilégio social em virtude de sua deficiência física. E é exatamente esse fator que torna sua história tão relevante, atual e preciosa: ele foi favorecido pela graça do rei. Tudo o que recebeu foi fruto da aliança que seu pai havia feito com o matador de Golias, num tempo em que Davi ainda era apenas uma possibilidade, um mero fugitivo, perseguido pelo então rei Saul.

Assim como Davi restaurou aquele rapaz, o Senhor Jesus quer fazer conosco, mas Ele quer nos encontrar ainda quando crianças. Aquele encontro mudou completamente a sua vida. A partir daquele dia, ele passou a sentar-se na mesa do rei e desfrutar de tudo aquilo que era exclusivo da família real.

Antes de entrar no palácio e ser transformado pela graça do rei, Mefibosete nos representa enquanto não tínhamos a revelação da nossa identidade como filhos de Deus. Há muitos que, mesmo tendo se tornado filhos do Altíssimo, ainda vivem como se não fossem: isolados, afastados, como se habitassem em um deserto. Mesmo sendo detentores legais das bênçãos decorrentes do sacrifício de Cristo, sobrevivem como reféns de seus traumas existenciais – muitos deles sofridos na infância.

Apesar dessa trágica história ter se iniciado na infância de Mefibosete, ele somente teve sua vida transformada quando adulto. Mais de 20 anos se passaram, desde o acidente que o tornara aleijado, e o dia em que sua sorte mudou. Deus levantou um instrumento de salvação e restauração. Davi alcançou Mefibosete para que seu testemunho tocasse milhares de outras pessoas que também vivem presas em seus próprios traumas existenciais.

A restauração veio através de uma iniciativa. Devemos nos importar com aquilo que Deus se importa. Devemos ser canais do alto e agir como Ele deseja. O Espírito do Senhor quer falar através de nós e manifestar a Sua graça para que essa geração de crianças seja impactada por Seu incomparável amor. Ele está levantando "Davis" para alcançar os Mefibosetes – ainda quando crianças - para que experimentem do favor do Rei.

Capítulo Um

Uma vida com traumas

Jônatas, filho de Saul, tinha um filho aleijado dos pés. Era da idade de cinco anos quando de Jezreel chegaram as notícias da morte de Saul e de Jônatas; então, sua ama o tomou e fugiu; sucedeu que, apressando-se ela a fugir, ele caiu e ficou manco. Seu nome era Mefibosete. 2 Samuel 4.4

O texto acima narra a história deste homem chamado Mefibosete. De origem nobre – neto de Saul e filho de Jônatas – ele era parte da linhagem real, alguém que nasceu para ser um príncipe. Todavia, quando criança foi acometido por um acidente.

Praticamente toda a descendência de Saul foi perseguida e morta. No desespero da fuga dos assassinos de Saul e Jônatas, sua criada o deixou cair e ele veio a quebrar ambos os pés. Esse episódio alterou completamente o curso de sua existência. Seu projeto de vida e tudo aquilo que seu pai tinha sonhado para ele foi transformado. Aquela criança veio a se tornar alguém a quem poderíamos chamar de "colecionador de traumas".

A partir desse evento, toda a sua trajetória foi marcada por decepções, frustrações, perdas irreparáveis e angústias. Creio que nada na Bíblia está escrito por acaso, e as Escrituras deixam claro que os traumas deste homem começaram em sua infância.

Nesse sentido, gostaria de compartilhar algo de Deus com você a partir dessa história. Antes de se chamar Mefibosete, ele tinha sido chamado de Meribaal. Mas por causa da semelhança com um deus cananeu, seu nome foi mudado pra Ixibosete – que quer dizer "homem de vergonha". Algum tempo depois, seu nome se tornou Mefibosete – cujo significado é "algo que é indigno". O futuro príncipe, herdeiro do trono, agora era um homem envergonhado, detentor de traumas, frustrações e profundas feridas.

Alguns traumas na vida de Mefibosete

Aquele acidente ocorrido lhe acarretou algumas consequências. Em primeiro lugar, ele sofreu um *trauma físico*. Em virtude do acidente, ele ficou aleijado e impossibilitado de lutar como um guerreiro.

Naqueles dias, a maioria dos homens saíam para guerrear. Enquanto muitos iam para o campo lutar pela nação, ele ficava em casa, impossibilitado de participar das batalhas.

O trauma físico veio acompanhado de uma dor terrível. Não apenas a dor física, mas a dor da incapacidade, do desejo de fazer algo e ser limitado, a dor da inutilidade, a impossibilidade de somar. Às vezes passamos por situações que causam imensas dores, mas em algum momento elas passam. Contudo, há circunstâncias que ferem profundamente a nossa alma e, no caso deste rapaz, isso era algo que o acompanharia por longos e longos anos, até que tivesse um encontro com o rei e experimentasse da bondade e restauração para com sua vida.

Ele também foi marcado pelo *trauma da perda de seus entes queridos*. Certo dia a má notícia chegou aos seus ouvidos: "teu pai é morto". Imagine essa notícia sendo dita a uma criança de forma inesperada e seguida de um acidente.

Que terrível deve ter sido aquele dia. Ser retirado abruptamente do lar onde vivia como príncipe e, a partir dali, ter sua vida drasticamente mudada. Antes, ele tinha a liberdade de andar em sua casa com total atenção, amor e respeito – afinal ele era o descendente de uma família real. Agora, seu futuro era incerto e sem esperança.

De repente, tudo mudou: foi tomado às pressas pela sua babá para fugir imediatamente daquele lugar onde cresceu, porque sua família foi assassinada. Parece uma cena de guerra: o medo pairando no ar, a correria, os gritos. Certamente ele não entendia plenamente o que estava acontecendo, mas uma coisa pelo menos ele compreendeu: naquele dia ele estaria deixando para trás tudo o que era seu: o lugar da sua segurança e sua família, sua memória, seus brinquedos, seu porto seguro. Qualquer um ficaria desesperado num cenário como esse, mas principalmente, uma criança de 5 anos de idade.

Naqueles dias, quando se perdia uma batalha, era muito comum que todos os familiares do rei fossem subjugados como escravos ou mortos. Talvez você se pergunte: por que alguém tentaria matar uma inocente criança? Ele não era uma criança qualquer, mas o herdeiro direto do trono. Contudo, após essa situação de fuga, Mefibosete estava no mundo sem pai, sem irmãos, sem ninguém. Ele se tornou somente um menino órfão, cheio de cicatrizes e terríveis feridas na alma.

O terceiro duro golpe em sua vida foi o ***trauma emocional***. As dores físicas e familiares causaram nele um buraco existencial. Suas emoções foram profundamente afetadas. Para agravar, tudo isso não aconteceu depois que Mefibosete se tornara um adulto, mas ainda quando criança, em sua tenra infância.

O resultado de todos esses traumas foi a perda da identidade e um profundo sentimento de baixa auto-estima. Ele foi alguém que perdeu completamente sua identidade de homem, de filho e de príncipe. Num certo momento em que conversava com o rei Davi ele disse: "quem é teu servo, para teres olhado para um cão morto tal como eu?" (2Samuel 9.8). Ele mesmo se enxergava como um miserável, um cão morto, inútil. Mas por quê? Porque essa foi a mensagem que ele recebeu acerca de si mesmo durante toda a sua vida.

Por fim, ele também experimentou o **_trauma social_**. A Palavra relata que ele morava em um lugar chamado Lo-Debar. Esse nome representa um lugar de esquecimento, sem pasto, sem vida. Era como um deserto, onde nada vingava, um lugar destinado aos marginalizados, doentes, malditos e miseráveis.

Existem muitas coisas que acontecem em nossa vida que não foram escolhas que fizemos. Da mesma forma, Mefibosete não elegeu Lo-Debar para ser o lugar dos seus sonhos. Ele não teve escolha, o levaram para viver ali junto com os mendigos e outras pessoas com necessidades especiais. Ninguém lhe deu opção, simplesmente o levaram e ali ele viveu por cerca de 20 anos. Não havia nenhum tipo de perspectivas de mudança na vida daquele homem. Não havia para ele nenhuma opção de melhora ou qualquer tipo de esperança.

Foi no lugar do esquecimento, que ele passou praticamente toda a sua vida. Talvez o relato bíblico deste homem se identifique com a vida de muitas pessoas. Creio que Deus permitiu esse testemunho com um objetivo duplo: por um lado, manifestar Sua bondade e graça na vida daqueles que são doentes, excluídos ou traumatizados; por outro, para nos lembrar que assim como Davi, podemos ser canais de Sua graça levando as boas novas de Cristo e conduzindo todos à uma experiência de redenção e completa transformação. Sabe de algo maior ainda? Não precisamos esperar por 20 anos para alcançarmos pessoas traumatizadas, mas podemos cuidar dos pequeninos hoje – aqueles que foram feridos na infância. Eles podem ser curados e restaurados pelo poder de Cristo, para que se tornem adultos completamente restaurados, pois experimentaram da cura plena de Jesus

Muitas vezes podemos não aparentar uma doença física, mas dentro de nós carregamos marcas de sofrimento, dor. Não gostamos de expor isso para ninguém. Gostamos sempre de mostrar que somos bons, fortes e saudáveis. Mas Deus vê o nosso coração, o quanto fomos machucados, feridos e essa história nos revela que Ele se importa conosco. Deus quer usar de Sua benevolência para nos salvar e nos curar.

Os Evangelhos relatam que Cristo veio para buscar e salvar o perdido. Muitas pessoas não experimentam da graça salvadora de Jesus por vários motivos: porque não se enxergam como aqueles que carecem da glória, ou talvez não se sentem merecedoras do favor do Senhor ou o pior, porque ninguém lhes contou sobre as boas novas. Mas hoje, o Senhor quer salvar e curar todos aqueles que precisam de sua bondade e amor incondicional. Ele não veio para os sãos. Os sãos não precisam de médico (Marcos 2.17). O Salvador veio para os doentes, para os Mefibosetes que em algum momento foram marcados pelos traumas da vida.

Capítulo Dois

Deus manifesta sua graça através de um homem

Quando Deus quis manifestar Sua graça e bondade, Ele enviou Seu Filho como homem para salvar o mundo. Isso nos revela um princípio espiritual: Deus usa homens para se revelar às pessoas, afinal está escrito em Sua Palavra: "*os céus são os céus do Senhor, mas a terra deu-a Ele aos filhos dos homens*" (Salmo 115.16).

Em 2 Samuel, no capítulo 9, a Palavra nos relata que um dia o Senhor tocou o coração de Davi e fez ele se lembrar da aliança que havia feito com Jônatas, pai de Mefibosete. Havia na casa de Saul um servo que se chamava Ziba. O rei chega até ele e lhe pergunta: *"não há ainda alguém da casa de Saul para que eu use da bondade de Deus para com ele?"*

Ao saber que Mefibosete era o único que restara de toda a descendência de Saul, Davi manda trazê-lo de Lo-Debar. No momento em que ele chega ao palácio diante do rei, sua primeira atitude é de se prostrar com o rosto em terra. Não sabemos exatamente o que se passava em seu coração, mas o texto nos revela que sua aparência e atitude era a de alguém que estava cheio de receios. Tanto é verdade que o rei Davi lhe disse: *"não tenha medo, pois é certo que eu o tratarei com bondade por causa de minha amizade com Jônatas, seu pai (2Samuel 9:7a)"*.

De onde vinha o medo? Saul havia sido rei antes de Davi. Naqueles dias, era comum que famílias destronadas se levantassem para retomarem sua posição através de guerras, rebeliões ou ataques. Como Mefibosete era alguém naturalmente qualificado para o trono, provavelmente ele pensou que Davi o chamara para questioná-lo ou até mesmo matá-lo, protegendo seu reinado. Uma vez que praticamente toda a sua família havia sido assassinada, era muito provável que ele pensasse ser o próximo da fila.

Muitas vezes, pessoas também têm uma imagem errada sobre Deus. Por isso se relacionam com Ele sempre de forma desconfiada, arredia. Sempre veem Deus como alguém irado, bravo, que está pronto para castigar, punir ou condenar.

Para sua completa surpresa, Davi estendeu o seu favor e disse que o motivo de tê-lo chamado ao palácio era a aliança que havia feito com seu pai, Jônatas. Além de honrá-lo, Davi resolveu abençoá-lo com restituição e comunhão: *"irei devolver-lhe todas as terras que pertenciam a seu avô Saul; e você comerá sempre à minha mesa"* (2Samuel 9:7b).

A alma machucada não compreende a graça

Davi era o homem mais importante da nação. Quando ele decide usar de bondade e favor com Mefibosete, ele não somente resolve dar-lhe algo bom, mas estender-lhe todos os benefícios de sua posição.

Em nossos dias, isso seria mais ou menos assim: imagine que você é um estrangeiro ilegal vivendo nos Estados Unidos da América. Por ser ilegal, você convive com uma série de limitações no que diz respeito a moradia, trabalho. Além disso, você não pode ir e vir, você vive sempre com medo. De repente, o presidente da nação te convida para uma reunião pessoal em Washington DC. Ao receber aquela carta, seu coração se enche de medo. Você pensa: "o que eu fiz de errado? Vou ser deportado!" Todavia, ao entrar na sala da presidência, você ouve o homem mais poderoso do mundo lhe dizer: "você não sabe, mas eu conheci seu pai. Eu e ele fomos grandes amigos e fizemos uma aliança. Por causa disso, eu lhe trouxe aqui.

Eu quero te dar uma grande oferta financeira e te tirar de onde você está para morar na Casa Branca. A partir de hoje, quero lhe dar legalidade nesse país. Você não viverá mais como uma pessoa foragida. Você morará na minha casa e comerá sentado à minha mesa". Uau, isso parece impossível! É muito bom para ser verdade! Parece inexplicável. Mas, nas devidas proporções, foi isso o que aconteceu naquele dia. Toda essa absurda situação tem um nome: graça! É você recebendo um favor por algo que não fez, mas que outros fizeram por você!

Qualquer um que fosse alcançado por essa graça, ficaria muito feliz, impactado. Mas, de forma impressionante, Mefibosete não compreendeu o que estava acontecendo. Ao invés de receber a bênção, ele desconfiou do rei, pois não se via como alguém digno de tamanho favor. Você já viu pessoas que também têm essa mesma postura? Há quem diga: "isso não é possível, é bom demais para ser verdade! Pior do que isso, além de não acreditar na bênção, Mefibosete tinha uma imagem distorcida de si mesmo. No verso 8 de 2 Samuel 9 ele diz: *"quem é teu servo, para teres olhado para um cão morto tal como eu?"*

Os complexos, os traumas sofridos, causaram em sua vida uma imagem de escravidão. Ele perdeu a posição de príncipe e estava agora na miserável posição de escravo, esquecido, rejeitado. Por isso, se auto-denominou um 'cão morto'. Essa era uma das piores comparações que um homem poderia fazer de si mesmo.

Talvez ele não se lembrasse mais das vitórias que Deus tinha concedido ao seu avô Saul. Nem quão nobre e generoso havia sido seu pai Jônatas. Mefibosete veio de uma família real. Mas porque durante toda sua vida, desde 5 anos de idade, foi marcado por traumas, ele passou a se enxergar como um cão morto. Essa afirmação confirma o quanto ele era oprimido espiritualmente, o quanto sua auto-estima era baixa e o quanto ele perdeu sua identidade.

Mesmo assim, Deus se lembrou dele e resolveu usar Davi para restaurar não somente a sua identidade, mas sua posição e dignidade. No palácio, o rei olhou diretamente em seus olhos e lhe disse: "você vai se assentar à mesa comigo e eu te restituirei todas as coisas". Naquela hora, Davi foi como Jesus. Era como se o Rei dos Reis dissesse àquele pobre homem: "filho, a tua fé te salvou. Vai, a tua fé te curou!". Aquela cura não era apenas um alívio momentâneo para uma vida marcada por tantas maldições, frustrações e derrotas, mas o derramar de um bálsamo que penetra e cura não somente o corpo, mas as feridas mais profundas da alma. Suas emoções foram totalmente restauradas. Da mesma forma que Deus usou Davi, Ele quer usar você para trazer a cura restauradora de Jesus.

Capítulo Três

Muitas crianças precisam dessa cura

Ainda hoje existem muitos Mefibosetes. À semelhança dos fatos dessa história, alguns são ainda crianças e já foram marcados por tantos traumas! São vítimas de abusos emocionais, espirituais, físicos e estão vivendo sem expectativa de transformação, impossibilitados de conhecerem a verdade que liberta. Creio que nesses dias o Espírito de Deus está clamando: onde estão os "Davis" que Deus levantará para trazer a cura na vida desses "Mefibosetes"?

Quando chegamos aos Estados Unidos da América – há exatamente oito anos – viemos cheios de expectativas naquilo que Deus iria fazer. Fomos morar no sul da Florida e iniciamos juntamente com o pastor Marcelo Almeida a plantação da Igreja. Todavia, por todo lado que íamos, o único testemunho que ouvíamos é que "Igreja nessa área da Flórida não rompe", que aqui não era um lugar para se edificar grandes ministérios. Quanto ao ministério com crianças, muito menos, "não há possibilidade de crescimento", "alguns pais nem levam os filhos para o culto".

Pouco tempo depois assumimos como pastores da Igreja local, e de fato, por dois longos anos, tivemos muitas dificuldades em romper com esse ambiente espiritual. Nós tínhamos duas, três, dez crianças nas salas dos nossos cultos. Mas o Espírito de Deus sempre guardou a nossa mente e o nosso coração. Minha fé era que o Senhor faria algo novo, diferente e o Seu poder se manifestaria para mudar aquele quadro.

Um dia conversando com a pastora Walneide – minha amada pastora – eu lhe disse: "vamos sair das quatro paredes". Precisamos ir de encontro às crianças, porque os "Mefiboseetes" não conseguem vir até nós. Eles estão aleijados e impossibilitados. Já que eles não conseguem vir, nós é que iremos atrás deles". O Senhor começou a confirmar o Seu plano em meu coração e a revelar Suas estratégias. Decidimos então abrir células em condomínios. Não faríamos células dentro das casas, pois muitos pais americanos não permitiriam que seus filhos participassem. Mas iríamos para fora e faríamos reuniões ao ar livre, onde todos poderiam ver e participar.

O interessante é que, cada vez que uma criança passava e via um grupo de outras crianças reunidas, ela era atraída para ver o que estava acontecendo. Essa estratégia funcionou, hoje temos centenas de células kids com centenas de crianças compartilhando a verdade do Evangelho, não somente aqui no Sul da Flórida, mas em vários estados dessa nação. Estruturamos o ministério kids e vimos as crianças chegando.

E aquilo que ouvi no início da igreja pude constatar que era verdade durante esses dois anos, que alguns pais não levavam as crianças para o culto, mas essa realidade mudou, hoje nossos cultos estão cheios de crianças, pois elas acordam cedo os pais para não perderem o culto, e insistem para que a família não fique em casa.

Em uma de nossas células que acontece em minha casa – onde os meus filhos Arthur, Sophia e

Joshua são anfitriões – reunimos crianças de cinco países – Argentina, Jamaica, Filipinas, Estados Unidos e Brasil. Elas aceitaram a Palavra do Evangelho e entregaram suas vidas ao senhorio de Cristo. Hoje, servem a Deus e são apaixonadas por Jesus. Dezenas de testemunhos como esse têm se cumprido em nosso meio, confirmando a grande comissão do Senhor Jesus: "ide e fazei discípulos de todas as nações".

Certo dia, um garoto que se converteu em nossa célula disse ao meu filho: "eu gosto tanto de estar na sua casa". O Arthur somente sorriu, pois é muito tímido. Mas o Espírito de Deus falou comigo: "sabe por que essas crianças gostam de frequentar sua casa? Porque Eu Sou manifesto no seu lar através do testemunho, da dedicação, atenção, elas se sentem amadas e acolhidas.

Mais do que brinquedos

O Senhor começou a me mostrar que muitas dessas crianças são como Mefibosete, elas estão vazias e carentes de amor, mesmo as vezes com um quarto cheio de brinquedos e uma casa enorme.

Mefibosete se achou indigno de estar na presença do rei. Sua vida sempre foi um trabalhar sem fim, nunca houve para ele refrigério ou descanso. Ele não tinha ninguém que lutasse por ele, ninguém que o protegesse, que o ensinasse. Nos nossos dias, há crianças que moram em verdadeiras mansões, estão entupidas de jogos, brinquedos, roupas de grife, mas emocionalmente são frágeis, pois vivem sozinhas. Muitas delas são "órfãs", mesmo com os pais estando vivos dentro de casa.

A maioria dos pais têm trabalhado duro para dar à sua família conforto e lazer, mas têm se esquecido do principal: os relacionamentos, a convivência mútua e o amor. Filhos que crescem sem a presença dos pais serão inevitavelmente prejudicados em sua formação, carentes em suas emoções e inseguros diante dos desafios da vida. A maior necessidade delas não é material, o que elas mais precisam é de suporte espiritual e emocional, acima de tudo.

Mas voltando para Mefibosete, a vida para ele era árdua. Tudo era tão difícil! Talvez ele não quisesse brinquedos quando criança, e sim pais. Você já pensou que naqueles dias não havia cadeira de rodas, geladeira, chuveiro elétrico? Hoje essas coisas são tão básicas e comuns, que talvez não sejam valorizadas. Por exemplo, banheiros são adaptados para dar apoio a pessoas com necessidades especiais na hora do banho. Como isso é simples, mas fundamental! Todavia, naquele tempo nada disso existia. Vamos parar e pensar: quantas vezes talvez ele ficou sem tomar banho? Quantas vezes talvez ele ficou sem comer? Porque para a realizar as tarefas mais básicas ele precisava da ajuda de alguém, e alguém que o amasse e tivesse paciência. Certamente, com o passar do tempo ele se tornou um peso e ninguém mais tinha disposição de ajudá-lo.

Provavelmente ele passou a se considerar como um cão morto porque todo homem tem o terrível costume de se adaptar e se acomodar, até mesmo com aquilo que é ruim. Depois de esperar por tanta ajuda e não receber, a tendência é se cansar. Então, a pessoa passa a ignorar a fome, a sujeira, a própria existência.

Entretanto, mesmo diante de um cenário tão terrível, Deus levantou alguém para trazer esperança. Hoje o Senhor está chamando os Seus "Davis" para manifestar Sua graça. Creio que isso é possível através das nossas células kids, através de lideres cheias de encargo e compaixão podemos alcançar o coração de cada criança e trazer esperança, mesmo que estejam cercadas de tristeza, desamparo e solidão.

Capítulo Quatro

O tempo é agora

Através da ministração da Palavra de Deus, podemos trazer cura e restauração hoje. Se Davi tivesse chegado na vida de Mefibosete enquanto criança, certamente ele não se enxergaria como um cão morto quando adulto. Não podemos esperar que os "Mefibosetes" cresçam, para somente depois experimentar do amor de Deus que transforma. O tempo é agora. Nós podemos hoje ser instrumentos de Deus para marcar a vida dessas crianças para sempre.

Certa vez, tivemos um grande problema. Resolvemos ensinar nossas crianças a protegerem sua mente contra as mentiras de satanás. Em uma de nossas ministrações, dissemos que elas deveriam se posicionar contra os "amigos imaginários". Muitas vezes, o diabo usa personagens na mente das crianças para levá-las à escravidão do pecado e do medo. Portanto, quando as crianças vissem ou ouvissem algo diferente em sua mente, elas deveriam repreender em o Nome de Jesus, porque aquilo não era de Deus. Uma mãe veio e falou: "olha, eu não quero que vocês falem isso pra minha filha. Eu quero que vocês apenas contem historinhas para ela". Então, uma de nossas líderes lhe disse: "minha irmã, eu preciso falar a verdade para essas crianças. Eu não posso ser negligente com a sua filha, porque eu preciso que ela seja marcada pelo Senhor ainda na sua infância. Apenas contar historinhas não muda a vida de ninguém, mas ensinar o poder do Nome de Jesus, isso sim transforma".

Se amamos o Senhor e o Seu Reino, precisamos proteger e ensinar as crianças a conhecerem a Jesus e o Seu poder.

O diabo está trabalhando seriamente para destruir a vida das pessoas desde a mais primária idade, pois as crianças tem muita sensibilidade ao mundo espiritual, e também porque os maiores traumas acontecem ainda na infância.

Me lembro quando minha filha – Sophia – precisou fazer uma cirurgia e teve complicações, ficou um mês internada no hospital, foi um período de muita dor e sofrimento. Ela tinha apenas cinco meses. Alguém pode pensar: "ela nem se lembra disso, afinal era apenas um bebê". Todavia, ela foi marcada por causa dessa situação. Anos depois, todas as vezes que tínhamos que levá-la ao médico – para uma consulta normal, de rotina – ao ver alguém vestido de branco, ela começava a chorar muito e queria o meu colo.

Sua ansiedade e medo tiveram que ser trabalhados. Sabe o que é isso? Sintomas de alguém que sofreu um trauma. Ela carregava em sua alma a marca da dor e do medo, fruto de algo que aconteceu quando tinha apenas 5 meses de idade.

Eu e meu marido oramos diversas vezes por sua vida. Em inúmeras situações, após colocá-la para dormir, fui chorar diante do Senhor dizendo: "eu não aceito que minha filha de dois anos tenha um trauma de algo que aconteceu há tanto tempo. Pelo poder da oração ela foi curada na sua coluna e agora eu determino em o Nome de Jesus que ela seja curada em sua alma". Eu dizia: "eu sou Davi e serei usada pra curar as feridas da minha filha". Hoje ela tem seis anos e, para a glória de Deus ela vive estável emocionalmente, exatamente como pedi a Deus em oração. Tenho certeza que ela recebeu totalmente a cura.

Todas as semanas recebemos centenas de crianças em nossas células e cultos. Muitas delas estão cheias de feridas, traumas e marcas. Certa vez, estávamos ministrando com poder e muita unção a Palavra de Deus no Domingo Kids (assim chamamos o nosso culto kids) e uma das crianças ficou possessa. Levamos ela para fora do salão para ministrar a libertação e, ao ver sua mãe, ela começou a gritar: "você não cuida de mim, você não me ama, você prefere ele do que eu!". Era um espírito de violência, de ódio na vida daquela criança de apenas oito anos. Por causa de traumas relacionados à vida familiar, o inimigo estava destruindo aquela vida. Depois que ministramos a libertação e o amor, Cristo encheu o seu coração e ela pôde ter sua vida restaurada. Não poderíamos ignorar aquela situação, não poderíamos deixá-la voltar para casa cheia de rancor e ódio, pois ela já estava sendo marcada pelo diabo.

Nosso papel é trazer Jesus à vida das pessoas, independente da idade que elas tenham. Cada um de nós precisa ser como Davi: alguém levantado por Deus para trazer cura e libertação para esses "Mefibosetes" que estão ao nosso derredor. Faço questão de ensinar para cada líder de célula que não reunimos as crianças apenas para contar "historinhas da bíblia". Nós somos ministros do Deus Altíssimo. O Espírito do Senhor Deus está sobre cada um de nós e nos ungiu para pregar as boas novas, proclamar libertação aos cativos e anunciar o ano aceitável do Senhor (Isaías 61). Não vamos para a célula para entreter ou somente brincar com as crianças. Sabemos que numa célula há histórias a serem contadas, brincadeiras e risos, mas tudo o que fazemos tem o alvo de edificar, de manifestar o Reino de Deus na vida daqueles que serão os nossos próximos guerreiros e líderes.

Creio que Deus tem vários profetas e reis na sua célula, que reinarão no mundo espiritual, que serão respeitados por Sua autoridade. São essas crianças. Mas eles precisam de "Davis", instrumentos do Senhor quer irão sarar as feridas e trazê-los para a presença do Rei dos reis. As crianças não podem vir por elas mesmas. Nós é que fomos chamados para conduzi-las até o Rei.

Capítulo Cinco

O inimigo quer destruir as próximas gerações

Muitos líderes tem uma visão imediatista e por isso não se preocupam com o cuidado, apascentamento e investimento na vida das crianças. Precisamos ter a visão correta e o discernimento espiritual para que o propósito do Senhor se estabeleça. A visão de Deus não é uma visão apenas para o agora. Ele é o Deus de Abraão, Isaque e Jacó e, por isso, sua Obra é geracional.

O diabo é inimigo do Reino de Deus. E ele sabe muito bem que se atacar as crianças ele compromete a próxima geração de líderes. Por isso, ele tem influenciado muitos a não investirem no Ministério Kids.

Quando Davi foi movido pelo Senhor, ele perguntou ao servo Ziba se havia alguém da casa de Saul para usar de bondade. A resposta do servo foi: "ainda há um filho de Jônatas, aleijado de ambos os pés". O que me chama a atenção nessa passagem é que a pergunta de Davi era se apenas havia alguém da casa de Saul para usar de bondade. Mas Ziba se adiantou para falar das debilidades de Mefibosete. Ele fez questão de expor sua fraqueza, dizendo que era "aleijado de ambos os pés" . Em outras palavras, ele o considerava como alguém inútil e inválido. Por detrás dessa resposta, aquele homem queria dizer: "tem um aleijado, mas se você pensa que ele pode te ajudar em alguma coisa, que ele pode vir a ser um servo, você está perdendo o seu tempo, pois ele não tem utilidade nenhuma, ele não tem capacidade nem de cuidar de si mesmo, quanto mais fazer alguma coisa pelo Reino".

Essa também é a mentalidade de muitos líderes. Quando pensam nas crianças, logo dizem: "criança dá muito trabalho; elas não conseguem fazer as coisas que precisamos; elas não dão dízimos pois não trabalham; não geram recursos, somente trazem despesas". E acabam olhando para o rebanho de crianças somente como um peso para a Igreja local.

Mas o interessante é que Davi não estava interessado no que Mefibosete poderia fazer por ele, mas sim no que ele poderia fazer para Mefibosete. Davi não dá continuidade à conversa. Ele não fica perguntando: "é mesmo? E como ele ficou aleijado, o que ele faz da vida, ele trabalha?" A única coisa que Davi queria saber é onde ele estava.

Ainda existem muitos Zibas no nosso meio, que querem mostrar aquilo que não temos, que não somos. Esse tipo de pessoa não vê futuro na vida de Mefibosete. Apenas o considera como um peso. Muitas vezes as pessoas vem nos questionar dizendo: para que investir tanto em crianças? para que pregar para as crianças? Elas nem tomam decisões por si mesmas, algumas nem vem ao culto. Essa é a voz do diabo. Se eu desse ouvido à essa voz dizendo todas as dificuldades que enfrentaríamos no nosso ministério kids, talvez ele nem existiria.

Quando chegamos nessa nação, muitos falaram: "esquece o trabalho com crianças, aqui elas não convertem. Os pais nem as levam ao culto". Mas para a glória de Deus, muitas famílias que hoje servem na nossa Igreja tem dado o testemunho que vieram porque seus filhos os chamaram: "vamos para o culto, vamos adorar a Jesus!"

Não ouça a voz de Ziba, ouça a voz do Senhor. O Espírito Santo está dizendo: "onde estão os pequeninos, cadê as crianças? Eu usarei de benevolência, Eu irei restaurar, restituir, curar as feridas, salvar e transformar a vida e a história delas para sempre. E então, os levantarei como um grande exército de reis e profetas".

Talvez você não verá o fruto do seu investimento no ministério kids instantaneamente. Mas daqui a 3, 5, ou 10 anos você terá o privilégio de ver uma criança que recebeu a Palavra – o investimento do céu – se tornando um grande homem de Deus: um pregador, um deputado ou um médico cheio do Espírito. Ou quem sabe uma grande mulher de Deus: uma ministra de louvor, uma pastora de milhares, uma poderosa evangelista.

A Bíblia não diz o que Mefibosete se tornou, não menciona o exército que ele liderou, mas menciona que a partir daquele encontro com o Rei Davi, todos os dias, ele se assentava à mesa do rei. Sua vida agora tinha outro sentido. Ele encontrou o seu propósito e passou a viver de forma próspera. Agora ele se assentava à mesa com a família, ele comia da comida real e tinha plena comunhão. Além disso, algo muito lindo aconteceu: quando Mefibosete se assentava à mesa, ele escondia a sua vergonha: suas debilidades, seus pés aleijados eram cobertos. Isso é profético. Davi representa o próprio Deus nos salvando, nos restaurando, cobrindo as nossas imperfeições, nos dando a Sua justiça e nos comissionando para o cumprimento do Seu propósito. É ele quem nos dá, em lugar da vergonha, a dupla honra.

A pergunta que Davi fez é a mesma pergunta que Deus também fez a Adão no Jardim do Éden, após sua queda: Onde estás? Deus não estava procurando Adão para condená-lo, mas para trazer salvação. Essa era uma grande oportunidade de restauração.

Aos olhos do Senhor, todos somos perfeitos, pois Ele já vê a obra consumada de Cristo em nós. Deus não vê as nossas debilidades, nossos problemas. Ele vê o sangue da aliança nos cobrindo. A mesa da comunhão aponta para essa aliança, onde recebemos tudo aquilo que é de Cristo em nossas vidas. O sangue de Jesus é poderoso para cobrir nossas falhas e apagar todas as nossas transgressões.

Capítulo Seis

O poder da intercessão

Quando o inimigo quer levar alguém à queda ou à miséria, ele leva a pessoa a olhar para o lugar errado. Muitas vezes somos levados a olhar para nós – para nossas dificuldades, limitações, erros e fraquezas. Mas quando passamos a colocar nossos olhos em Cristo, tudo muda. Aquilo que era perda se transforma em ganho, em favor. Então podemos entender que "o poder se aperfeiçoa na fraqueza".

Quero voltar em uma das épocas mais difíceis de minha vida – em que eu me sentia mais fraca e impossibilitada – como mencionei anteriormente.

Minha filha, de apenas 5 meses de idade, foi internada por causa de uma infecção hospitalar após fazer uma cirurgia na coluna.

Eu passei 30 dias no hospital com ela, não saia de perto da cama dela, nem por um segundo. Aquele foi o mês mais longo de toda a minha vida. Vendo a Sophia ali deitada – com tantos fios ligados nela e nas máquinas, tão indefesa, sem saber de nada o que estava acontecendo – eu poderia olhar para tamanha dificuldade e desistir de tudo, pois as circunstâncias e os diagnósticos eram os piores possíveis.

Apesar de não compreender nada, de não ter as respostas para aquilo que estava acontecendo, havia uma certeza no meu coração: eu vou adorar a Jesus. Eu era a "Mefibosete" que Jesus tirou de Lo-Debar e trouxe para a Sua mesa, e eu tinha clareza da fidelidade de Deus para comigo e minha família.

Depois, pude perceber algo em meu espírito: aquele tempo que estávamos passando ali no hospital, não tinha nada a ver com a Sophia e sim conosco, os pais. Deus pôde ministrar coisas muito valiosas em nossos corações.

Ele me ensinou a andar sobre as águas, me ensinou a vencer as mentiras da minha alma – a não dar ouvidos aos pensamentos que vinham à minha mente e às leituras que fazia emocionalmente. Jesus me ensinou a ter fé independente das circunstâncias – a confiar além daquilo que estou vendo e até mesmo vivendo – pois os médicos diziam que ela poderia não andar nunca mais e, olhando para ela naquela cama deitada, tudo indicava que poderia ser verdade. Naqueles dias o Espírito Santo me revelou que a verdade não era o que as circunstâncias ou os médicos me diziam e sim a Palavra de Deus que eu declarava todos os dias quando eu impunha as mãos sobre minha filha: "você está curada no Nome de Jesus!"

Deus me levantou como a sua principal intercessora. Dentre as muitas verdades que Deus ministrou ao meu coração, uma das mais preciosas revelações que tive foi sobre a importância da intercessão.

Algo lindo começou a acontecer. O Espírito Santo me despertou não somente para orar pela Sophia, mas começou a gerar uma grande compaixão pelas crianças daquele lugar. Quantas crianças naquele hospital não tinham a mesma oportunidade que ela teve: de receber uma oração cheia de encargo, fé e amor, pois talvez não tinham pais que conhecessem a Jesus e o Seu poder?

A partir desse momento, então, comecei a orar por todas as crianças daquele hospital com muita compaixão – milhares delas – cada uma com suas doenças e problemas de todos os tipos. O Senhor me deu um clamor especial por que sabia que por causa das doenças e problemas físicos, aquelas crianças foram marcadas com feridas na alma.

Nessa hora, eu não me preocupava somente com minha filha, eu não podia ser egoísta e deixar milhares de crianças perecendo naqueles leitos. Eu orava, eu dava atenção, um sorriso, e conversava com aquelas que eu tinha algum tipo de acesso.

Particularmente lembro que tinha um baby no quarto ao lado do da Sophia, que passava muitos dias sem receber uma visita. Ele ficava o dia todo deitado em frente a uma televisão, ninguém conversava com ele, ou estimulava alguma reação dele. Em alguns momentos, eu escutava sua vozinha sussurrando com os desenhos na TV. Contudo, em todo o tempo ele permanecia ali sozinho.

Um dia, pedi a enfermeira para ir ao quarto dele enquanto a minha filha dormia, mas ela não me autorizou. Ela disse que eu tinha que dar privacidade para o baby. Mesmo assim, insisti dizendo: "eu só quero conversar, brincar com ele um pouco, pois ninguém faz isso e ele está todos os dias sozinho".

Mesmo assim ela não me deixou ir até ele. Todos os dias, ao olhar para aquele baby, eu me compadecia muito dele. Às vezes eu até chorava por ele (como estou fazendo agora ao me lembrar e escrever). Minha vontade era de ir lá e abraçá-lo, conversar, expressar um pouquinho de amor em sua vida. Porém, isso nunca aconteceu. Um dia ele recebeu alta e nunca mais o vi. Nunca tive notícias, mas creio que a minha intercessão chegou de alguma forma até o seu coração.

Podemos ver isso também acontecendo na vida de Mefibosete. Não havia ninguém para interceder por ele, para expressar carinho e dizer o quanto Deus o amava e se lembrava dele. Desde a infância, ninguém jamais se aproximou para lhe dar uma Palavra de vida e esperança, ou ao menos um abraço.

Como já mencionei antes, creio que ainda existem muitos Mefibosetes – milhões deles – que Deus quer alcançar com Seu amor e graça. O Senhor quer levantar não somente intercessores, mas também aqueles que serão como Davi –instrumentos de redenção e restituição em tudo aquilo que foram roubados, trazendo-os para a presença do Rei.

Esses "Davis" somos você e eu. Deus quer nos usar para trazer a restauração que as pessoas necessitam ainda na infância. Não podemos esperar que elas cresçam e cheguem ao ponto de se enxergarem como um "cão morto". Precisamos chegar antes que as feridas se tornem cicatrizes profundas demais e muito difíceis de serem removidas.

Mefibosete experimentou da graça de Jesus Cristo através da atitude de Davi. Seu destino natural era morrer de forma trágica, assim como todos os demais de sua casa. Mas, porque Deus encontrou um homem segundo o Seu coração, a sorte de Mefibosete foi mudada. É exatamente isso que as crianças necessitam experimentar hoje: da graça e bondade de Deus. E isso pode ser possível quando pessoas – como eu e você – se dispõem a serem canais do amor e da bondade do Senhor.

Gostaria de te convidar hoje a fazer um compromisso com o Senhor: de expressar a Sua graça para com todas as pessoas ao seu redor, seja do convívio familiar, de amizades, trabalho, ou até mesmo em lugares que você irá somente uma vez. Expresse graça às pessoas, independentemente da idade ou do retorno que elas possam te dar. Davi não esperou nada em troca – até porque Mefibosete não tinha nada para oferecer. Se olharmos de forma natural, assim como Mefibosete, talvez essa geração de crianças não tenha muito o que oferecer. Mas se olharmos com os olhos de Jesus, teremos o entendimento verdadeiro de que toda criança tem, pelo menos 2 coisas muito valiosas para dar pelo Reino: o seu coração e um longo futuro, repleto de muitos frutos. Cabe a nós, como Igreja, ensiná-las onde elas devem colocar o coração e o que elas irão fazer com seus futuros.

Capítulo Sete

Nós investimos em crianças

Eu amo demais Moisés, porque a primeira palavra que eu escutei quando fui levantada para caminhar ao lado de uma pastora foi "as três razões do porquê investimos nas crianças". O livro de Êxodo nos conta a história desse profeta que foi levantado por Deus para libertar o povo da escravidão do Egito. O Senhor o mandou ir até o faraó e dizer: "deixa ir o meu povo para que me celebre uma festa no deserto". Mas o coração daquele homem se endureceu e ele resistiu a voz do Senhor. Por diversas vezes Deus tratou com o Egito e o faraó, mas ele não cedia. Ele tentou negociar com Moisés a saída do povo hebreu e, em uma de suas indecorosas propostas, ele disse: "vão somente os homens, mas deixe as crianças" (Êxodo 10.11). O diabo tem feito essa proposta em nossos dias, liberado alguns homens, mas requerido a escravidão das crianças. Entretanto, assim como Moisés disse, nós proclamamos: "ninguém há de ficar, nem uma unha deixaremos para o mundo, para o Egito".

Nosso alvo não é apenas tirar as crianças do mundo, do "Egito". Nós queremos conduzir cada uma à Canaã, à terra prometida. Por isso temos gerado líderes. Creio que Deus me levantou como "Moisés", alguém comissionado para libertar as crianças da servidão. Mas também estamos treinando e discipulando líderes, que serão os "Josués" e irão conduzí-las ao Reino, à terra prometida.

Não vamos ao Domingo Kids apenas para fazermos mais um culto. Vamos ministrar o Reino de Deus e quando fazemos isso um ambiente de poder, vida e glória pode ser experimentado pelas crianças.

O Espírito Santo quer se mover com compaixão através de nós

Deus tem enviado Mefibosetes para nós – com cinco, nove ou dez anos. Todavia, a seara é grande demais. Há hoje milhões de crianças maltratadas, carentes, desprezadas pela família e rejeitadas pela Igreja, pois muitos líderes não se importam em investir na vida de uma pessoa ainda na infância. Eles não têm a revelação de que quanto mais cedo alguém conhece a Cristo, mais frutos irá gerar para o Senhor. Precisamos de mais ministros, mais líderes cheios do Espírito e do encargo pelo Reino. Penso que a seara é grande e os trabalhadores são poucos, porque falta compaixão no meio da Igreja – pelo perdido, pelo ferido, pelo amargurado, pelo doente.

Quando Davi viu Mefibosete, com certeza ele foi cheio de compaixão. Creio que seu coração foi movido de encargo por ver um descendente real vivendo daquela forma. O Espírito moveu no coração do rei e o levou a agir de uma forma tão graciosa e amável para com a vida daquele homem que se enxergava como um "cão morto". A partir desse momento, ele experimentou do favor do rei.

A compaixão antecede a manifestação do sobrenatural, dos milagres. Jesus era alguém completamente movido pela compaixão. A maioria dos milagres que Ele realizou foi porque Seu coração estava cheio de encargo pelas vidas. Ele as curou, libertou, salvou e transformou. Se olharmos para as crianças com os olhos amorosos e compassivos do Senhor, seremos movidos por esse mesmo Espírito. Nós veremos os milagres acontecerem na vida delas de uma forma poderosa e sobrenatural, como nunca vimos antes.

O problema é que muitas vezes estamos tão preocupados com nossa própria vida e conforto, que não temos tempo ou disposição nem para nos lembrarmos dos necessitados. Se você está lendo esse livro é porque o Espírito do Senhor está te chamando hoje para ser como Davi.

Nós não precisamos deixar as crianças chegarem à idade adulta – ao ponto de se enxergarem como um cão morto – para serem redimidas pela Palavra da Verdade. Certamente não! Deus já tem levantado aqueles que têm verdadeira compaixão e encargo pela próxima geração.

O que nós, como igreja, estamos fazendo pelas crianças?

Ano passado eu fui ao hospital visitar um bebê que havia nascido sem cérebro. Eu fiquei muito chocada com aquela cena porque, apesar de parecer ser perfeito – tinha boca, nariz, olhos – ele não tinha nenhum tipo de expressão.

Nunca havia me deparado com uma situação como aquela. Mas, mesmo diante do impossível, me posicionei em fé e, pelo Espírito, liberei uma Palavra de vida. Orei junto com os pais daquele bebê que estavam cheios esperança. Todavia, o bebê acabou falecendo.

Logo após essa experiência, eu perguntei ao Senhor: "por que aquele bebê veio ao mundo sem cérebro? Por que mesmo depois de liberarmos a Palavra de fé e vida ele veio a morrer?" Naquela hora o Senhor falou no meu espírito: "existem muitas crianças com cérebro, com saúde, com inteligência que estão perecendo lá fora". E o que a Igreja está fazendo? As crianças estão perecendo e muitos vêem esses fatos como algo sem importância, como algo comum, corriqueiro.

Muitas pessoas me questionam: "pastora por que você não tem uma rede de mulheres? Um trabalho de liderança eficiente com as mulheres?". E eu respondo: Nós temos! Entretanto, o nosso trabalho com mulheres tem um propósito de gerar filhos para Deus, fazer discípulas e prepararmos a próxima geração de líderes. Porque as mulheres têm necessidades, mas as crianças têm urgência! Nosso encargo é levantar mulheres que cumpram a missão que Deus as confiou: serem mães, gerarem discípulas e edificar filhos vencedores. Esses filhos não são apenas os naturais, mas todos aqueles que o Senhor nos tem confiado. O apóstolo Paulo teve revelação disso e reconheceu o grande ministério que a avó e a mãe exerceram sobre a vida de seu amado "filho" e discípulo Timóteo (2Tm 1:3-5). Creio que temos um forte trabalho de liderança porque discipulamos mulheres e pastoreamos crianças.

Nosso chamado não é egoísta e isolado. As mulheres foram criadas por Deus para gerarem filhos, faz parte da natureza da mulher. Precisamos ter revelação do coração de Deus e Suas prioridades. As pessoas precisam receber da cura de Jesus ainda na sua infância, e ninguém melhor para pregar para uma criança do que uma mulher, pois elas já foram geradas com amor por filhos. Se nós pregarmos para as crianças hoje, não precisaremos curar os homens e mulheres de amanhã, porque eles se tornarão um poderoso exército que foi arregimentado desde a infância.

Não precisaremos ministrar cura da alma e libertação em todos os cultos porque lá na infância elas já experimentaram de Jesus. E mesmo que as feridas venham – porque elas virão – elas saberão acerca do poder de Deus e declararão: "eu tenho um Deus que me cura!"

Eu quero convidar você a representar Davi nessa geração! Você está cercado de "Mefibosetes" em sua cidade, em sua Igreja. Nós não precisamos ir para a África, ou para qualquer outra nação para conhecermos crianças carentes. Elas estão na porta ao lado: estão carentes de atenção, amor, diálogo. Estão carentes de Jesus.

As crianças não precisam de um quarto cheio de brinquedos. O que elas realmente precisam é de amor, atenção, e investimento.

Toda criança tem a necessidade de ser salva, conhecer a Jesus. O Evangelho de Deus nos foi dado para a salvação de todo homem (Romanos 1:16). Infelizmente, muitos pais têm negligenciado essa responsabilidade e tentado compensar sua falta com bens materiais. Mas nós, como Igreja, não vamos negligenciar esse chamado.

Capítulo Oito

Davi: homem imperfeito, mas com o coração para Deus

Quando pensamos em Davi, logo nos vem à mente o homem que matou Golias, o gigante. Alguns podem também lembrar do grande poeta tocador de harpa – aquele que escreveu a maior parte de todos os salmos das Escrituras – ou o pastor de detrás das malhadas. Outros talvez o mencione como o rei mais famoso da linhagem de Jesus ou o homem segundo o coração de Deus (Atos 13.22). Mas mesmo sendo alguém cheio de bons adjetivos e repleto de êxitos, poucos são os que se lembram de Davi como o adúltero, assassino, mentiroso, procrastinador e pai ausente na correção dos filhos.

A tendência do homem é somente se lembrar de suas vitórias e contar os seus acertos. Contudo, a Bíblia é a Palavra de Deus e o Senhor mostra toda a verdade. Isso é maravilhoso, pois podemos ver que Deus usa qualquer pessoa que tenha um coração disposto a ser transformado por Ele. Assim como Davi, todos nós temos pontos fracos e já cometemos muitas falhas. Mas assim como ele foi usado pelo Senhor – por Sua infinita misericórdia – todos estamos aptos a sermos instrumentos nas mãos de Deus.

Quantas pessoas não são úteis nas mãos do Senhor porque não confiam na sua graça e não se apropriam da justiça de Cristo em suas vidas? As vezes buscamos pessoas perfeitas com atitudes perfeitas, mas Jesus morreu por todos os pecadores e o próprio Senhor não escondeu os fracassos de Davi. Ainda assim, Davi é lembrado e respeitado por seu coração voltado para Deus. Quando percebemos que mesmo diante de tantas limitações, houve chance para ele, percebemos que o Senhor quer usar cada um de nós, que somos Seus filhos.

Deus prometeu que levantaria uma semente – o Messias – que viria da descendência de Davi, que se assentaria no trono e reinaria eternamente. Davi reinou e, ao final do seu governo, havia paz porque todos os seus inimigos foram subjugados. Foi o período mais próspero na história de Israel. Isso é profético quando olhamos para o Cristo que governará sobre tudo e todos em um reino que será eternamente estabelecido e manifestará a verdadeira paz.

Deus não quer a sua perfeição. Ele quer o seu coração

Nessa linda história da Bíblia, vemos que Davi aponta para Jesus em muitos aspectos. Em outros, serve de modelo, para que cada um entenda a responsabilidade de pregar o evangelho aos pobres, libertar os cativos, curar os enfermos e anunciar o ano aceitável do Senhor.

Ao escolher pessoas limitadas, cheia de falhas, Deus revela a Sua graça soberana. Todavia, mesmo tendo sido salvos, muitos se recusam a viverem debaixo do favor do Senhor. Nós somos os que Ele escolheu para guardar a Palavra, segundo o coração de Deus. Somos a imagem e semelhança de Deus, chamados para sermos conforme a imagem do Seu

Filho e manifestarmos o Seu Reino. O Senhor busca para Ele homens segundo o Seu coração, não por seus acertos ou méritos, mas por causa da cruz de Cristo Jesus. E aí vemos a Sua maravilhosa graça.

O Senhor está à procura de adoradores que O adorem em espírito e em verdade. Como "Davis", somos adoradores, sacerdotes, reis e profetas fiéis a Deus. Adorar em verdade tem a ver com algo que acontece no espírito e que manifesta realidade. Isso significa que nosso serviço, nossa adoração deve sempre expressar-se em atitudes que reflitam a glória de Cristo. Na história de Israel muitos reis se contaminaram, serviram a outros deuses. Davi foi alguém que não adorou outros deuses, que se guardou apenas para o Senhor.

Quando tocava sua harpa havia libertação, era alguém cheio de unção e paixão pelo Senhor. Ele também levantou um exército de homens que foram restaurados – os valentes de Davi. Sua obra não foi apenas para aquele tempo, mas tocou as próximas gerações. Nesses dias, o Senhor está levantando uma linhagem com o mesmo coração e encargo de tocar as próximas gerações, que havia no coração daquele rei.

O homem segundo o coração de Deus reúne em si grandes lições aplicáveis à todos aqueles que querem fazer a vontade do Senhor. Em hebraico, o nome Davi significa "amado". Como filhos também somos amados do Pai. Creio que, da mesma forma que esse grande rei, podemos ser conhecidos como "homens segundo o coração de Deus", levando esse amor para tantos outros que ainda não O conhecem.

Seu exemplo demonstra claramente que, para sermos úteis nas mãos do Senhor, não precisamos ser perfeitos. O que precisamos é de ter o coração disposto a ser usado pelo Espírito Santo, onde for preciso. Ele é o exemplo claro de que antes de sermos colocados sobre o muito precisamos ser fiéis no pouco. Seu irmão Eliabe, certa vez o acusou de presunção e maldade diante do exército de Saul e lhe disse: com quem você deixou aquelas "poucas ovelhas"? (1Samuel 17:28). Enquanto cuidava das "poucas ovelhas" de seu pai ele foi fiel: enfrentou e matou um leão e um urso. Sabe porque ele arriscou a própria vida para defender aquelas ovelhas? Porque para ele, elas não eram poucas. Ninguém enfrentaria tamanho perigo por tão pouco.

Por isso, quando a necessidade foi reinar, ele reinou, foi fiel e colocado sobre o muito. Davi se importava com os excluídos porque um dia ele também foi excluído: foi esquecido por seu pai e irmãos (1Sm 16.11-13). Apesar disso, ele conheceu a Deus ainda muito jovem. Ele teve revelação da sua identidade no Senhor e também o que Deus poderia fazer em sua vida. Sempre teve um coração fiel no pouco, um coração simples. Mesmo como rei, não desprezou e nem rejeitou Mefibosete. Pelo contrário, o restituiu e o trouxe para sua casa, para comer assentado à mesa junto com sua família.

A verdade é que o Senhor sempre viu Davi enquanto ele apascentava aquelas ovelhas. Davi estava disposto a sacrificar-se pelo seu rebanho, não importava o preço que deveria pagar, estava decidido a guardá-lo. Na verdade, a Bíblia fala que aquele urso e leão haviam levado apenas um cordeiro do rebanho (1Sm17:34) e isso foi o suficiente para aquele jovem pastor se levantar para salvá-lo. Ele foi um bom pastor que guardou cada uma das ovelhas que lhe foram confiadas. Essa é a atitude que o Senhor espera de nós: valorizar as poucas e pequenas ovelhas, ser fiel, guardá-las independente se são adultas ou crianças, porque para Deus cada pessoa é muito importante. Agindo desta forma, o Senhor nos colocará sobre o muito, nos dará os milhares que tanto ansiamos.

Como bons pastores, devemos olhar para cada criança e chamá-las pelo nome. Isso demonstra nosso cuidado e o quanto as valorizamos. Quando você for conversar, abaixe até a altura delas, olhe em seus olhos e lhes dirija a palavra. Desta maneira elas se sentirão amadas, preciosas, importantes, pois toda criança é carente de atenção, de amor.

Mesmo que você tenha apenas uma hora por semana – o tempo de ministração de uma célula ou um culto – isso é o suficiente para o Espírito Santo fazer um grande milagre. Ele te usará para libertar, curar e salvar muitas crianças. Porque o que elas realmente precisam é de Jesus!

Creio que o Senhor já deu o recado que ele queria. Existem milhões de "Mefibosetes" esperando para serem convidados para a presença do Rei. Quanto antes eles forem alcançados, mais frutos poderão gerar para o Reino de Deus.

Meu coração queima tanto por isso, porque eu fui alguém que experimentou do Senhor ainda na infância. Fui batizada pelo Espírito Santo aos nove anos de idade. Eu não entendia muita coisa, mas sei que havia um ambiente denso, de glória naquele lugar. Eu nasci em um lar cristão e minha família frequentava a Igreja Assembléia de Deus. Aquelas irmãs tão simples, orando, buscando a glória de Deus geraram aquele mover que tocou a minha vida.

Eu jamais pensei que o Espírito Santo me tocaria. Na minha mentalidade, aquilo era "coisa de adulto". Por isso, eu estava num cantinho apenas observando aquele mover acontecendo. Mas de repente, o Espírito me tomou de uma forma tão maravilhosa e eu comecei a orar em línguas. Eu senti o fogo da presença de Deus com apenas nove anos de idade! Depois disso, passei por muitas situações, fui marcada por muitas feridas, mas eu sabia que o Jesus que cura estava dentro de mim. Tudo porque um dia fui marcada por Ele quando ainda era uma criança. Aos 19 anos, novamente experimentei do Seu poder de forma íntima, poderosa e todas as palavras que eu havia recebido na minha infância começaram a se concretizar.

Deus quer se manifestar através de nós. Ele quer salvar todos – adultos, jovens e crianças. Não aceitaremos que os "Mefibosetes" morram em seus traumas. Não permitiremos que o diabo destrua a vida daqueles que o Senhor já escolheu. Se eles estão incapacitados de virem, nós iremos buscá-los, iremos chamá-los! Nós iremos trazê-los à presença do Rei!

Assim como o Espírito usou a Davi, Ele quer usar você. Então, se disponha hoje ao ler esse livro, decida levantar suas mãos para os céus e dizer: "Senhor, eu quero ser Davi, eu quero ir atrás dos quebrados, dos feridos, dos traumatizados! Pai, eu quero ser usado por Ti para alcançar essa geração de crianças, para mudar o destino daqueles que estão perdidos!". Existem tantas crianças desesperadas, sem direção, carentes. E elas estão ao nosso lado, e necessitam do amor perfeito de Jesus. Somente Ele pode curar as feridas e dar uma nova vida.

Capítulo Nove

Todos são especiais

Certo dia, quando estávamos nos primei-
ros meses de plantação da nossa Igreja,
recebemos uma família em nosso culto. Eles tinham
dois filhos gêmeos e um deles era autista. Aquela era
uma situação totalmente nova, pois nunca havíamos
recebido uma criança com necessidades especiais em
nosso meio.

Ela foi incluída em todas as atividades, parti-
cipou das ministrações e, mesmo que naturalmente
parecesse que ela não estava recebendo do Senhor
como as demais, resolvi ignorar as circunstâncias

naturais. Em fé, decidi enxergar aquela situação de impossibilidade para crer num grande milagre de Deus. Cri que aquela criança estava recebendo amor através de nós e isso era o suficiente para sua vida ser transformada.

Quando terminou o culto, o pai veio buscá-la com um grande sorriso no rosto e me disse: " essa é a primeira vez em 8 anos que assisto um culto até o final, sem ser chamado pela líder da sala de crianças, sem ter que ir embora para casa, porque ninguém "suportava" ficar com nosso filho. Obrigado, porque aqui senti minha família aceita e acolhida".

Quando aquela família se foi, eu estava exausta, porque nunca tinha lidado com uma criança com autismo ou com qualquer outra necessidade especial. Meu corpo estava cansado, mas em meu espírito havia uma grande alegria, porque percebi que o pai falou que "eles" se sentiram amados.

Aquela decisão de amar e incluir não tocou apenas a vida da criança. Não foi ela que falou e sim o pai – porque não é somente a criança que não se sente aceita ou amada, mas toda a sua família. Ao chegar em casa fui ler a respeito dessa situação e meu coração se encheu de alegria quando uma revelação me veio: as crianças com necessidades especiais têm também necessidades espirituais.

E então uma pergunta começou a me incomodar: onde estão as milhares de crianças portadoras de necessidades especiais? Onde estão os Mefibosetes que tem que lidar diariamente com sua complicada condição física? Esta pergunta gerada por Deus no meu espírito, me levou a observar os ministérios ao meu redor e o fato que constatei foi que raramente encontramos crianças portadoras de necessidades especiais no meio da Igreja. E quando há, elas não participam do ministério kids. Muitos podem pensar que elas não estão lá apenas porque não há uma estrutura adequada para recebê-las, não há uma equipe treinada para lidar com as suas necessidades. Esse é um fato: muitos prédios não possuem nem banheiros adaptados para atendê-las. Contudo, mesmo que a estrutura não seja perfeita, creio que a razão maior para não haver crianças com necessidades especiais frequentando as Igrejas é porque não há compaixão. Compaixão pelo preconceito que elas sofrem, pelas famílias, pelas dificuldades e pela exclusão de festas, aniversários, cultos, ou até mesmo reuniões comuns. Creio que muitas famílias nem são convidadas, pois se forem, pode ser que a presença acabe "atrapalhado" o evento.

Foi quando perguntei ao Senhor: "onde estão estas crianças com necessidades especiais, por que não as encontramos em nossas Igrejas? Como fiquei triste quando o Senhor me respondeu: "estão escondidas em casa, por pais envergonhados, rejeitados, tímidos, solitários, depressivos, sem amigos, sem esperança".

Aquilo que antes era apenas um questionamento se tornou um encargo em meu coração. Foi quando comecei a ministrar nas capacitações para a liderança do Ministério Kids sobre alcançar as crianças com necessidades especiais. Quando a revelação veio, percebi que havia algumas ao nosso redor e também que muitas outras ainda viriam. Eu queria equipar, capacitar e ensinar a liderança, mas nem eu sabia como. Um dia, numa de nossas capacitações, em lágrimas, liberei um clamor que arrebatou o coração dos nossos líderes: "precisamos amar as crianças com necessidades especiais assim como Jesus as ama, precisamos conquistar o coração delas para o Senhor, precisamos suprir suas necessidades espirituais!"

Como alcançar essas crianças? Através do amor, da inclusão, do interesse pelas suas necessidades espirituais. Como elas não entram nos prédios das Igrejas, é preciso ir atrás delas. Elas também precisam da salvação em Cristo Jesus, como qualquer outra pessoa. Como iremos alcançar suas famílias? Ministrando uma palavra de consolo, orientação, encorajamento, para que todos se sintam amados e aceitos.

Estamos criando um projeto que será chamado: "Você é especial". Será uma reunião onde convidaremos as famílias de crianças com necessidades especiais de todos os tipos. Nele, os pais terão um tempo de edificação, comunhão, cura, restauração, enquanto suas crianças serão cuidadas e ministradas separadamente. Cremos que esse projeto alcançará muitos para Cristo e trará transformação, pois será algo específico para as famílias com crianças com necessidades especiais. A Igreja se levantará com o papel para o qual foi criada: amar, servir, cuidar, se importar. Devemos agir de forma prática e trazer essas famílias, já que muitas delas não viriam por suas próprias iniciativas.

À luz da Palavra de Deus precisamos abordar todas estas questões e situações de maneira prática, clara e objetiva no coração de todos os membros. A orientação para a equipe do Ministério Kids é fundamental, pois muitos não sabem o que fazer e como fazer na ministração e no trato da criança com necessidades especiais.

Acima de tudo, o amor é que norteará tudo aquilo que o Senhor tem plantado em nossos corações. Não podemos fazer de conta que essas crianças não existem! Jesus jamais ignorou alguém. Ele teve compaixão, estendeu a mão, abençoou, curou todo tipo de deficiência. Somos a Sua expressão aqui na terra. Somos os embaixadores de Cristo. Por isso, não podemos abrir mão de nenhuma criança, mesmo sendo uma criança com necessidades especiais. Jesus morreu por elas também – não importa se com ou sem limitações. A Palavra diz que delas é o reino dos céus (Mateus 19.14).

Tenho fé para afirmar que qualquer uma dessas crianças pode um dia se tornar uma grande líder, pois não há ninguém melhor para pregar para pessoas com algum tipo de necessidade especial, do que alguém que um dia também esteve nessa condição. O nosso Senhor é o todo-poderoso. Não haverá impossíveis para o nosso Deus.

A Palavra afirma que é da vontade de Deus que todos sejam salvos (1Tm 2.4). "Todos" inclui as crianças com necessidades especiais. Para ser salvo, um homem precisa crer com o coração e não apenas conhecê-lo com a sua mente. Antes de serem deficientes, essas crianças são pessoas – com sonhos, medos, qualidades, pecados, carências – como qualquer outra pessoa. E, portanto, igualmente vocacionadas para a vida em sociedade e para a salvação em Jesus.

Temos hoje em nossa Igreja local, dezenas de crianças com necessidades especiais. Todas elas estão incluídas no ministério kids. Todas participam porque são membros do Corpo de Cristo, são parte da família de Deus. Já tivemos uma criança de 12 anos portadora de autismo que se formou no nosso Curso de Maturidade no Espírito, isso foi algo tremendo, e tocou a todos na nossa igreja, e hoje a sua família serve ao Senhor conosco. Através dela, outras crianças com necessidades especiais vieram e também trouxeram suas famílias. Lembre-se: se a criança se sente amada e aceita, a família também se sentirá. O nosso papel principal como Igreja é expressar o amor de Jesus. Ao estender Sua salvação aos gentios, Ele foi o primeiro a quebrar barreiras e preconceitos (Atos 10). O Senhor jamais fez acepção de pessoas e, em todas as ocasiões, manifestou Seu amor e poder.

Capítulo Dez

O amor
é maior do que tudo

Não há nada mais poderoso no universo do que a força do amor. A bondade é o amor em prática, é o próprio Senhor se manifestando através de pessoas simples e limitadas como nós.

Vivemos num mundo tão cheio de preconceitos. Mas eu creio que a bondade do Senhor é capaz de superar e vencer todo o tipo de preconceito, tradições e costumes que discriminam e excluem as pessoas.

Mesmo o exemplo do filho de Jônatas – com todas as suas limitações – não foi impedimento para que ele experimentasse o favor de Deus. Davi, através da aliança que havia feito com seu pai, resolveu convidá-lo para fazer parte da família do rei, assentar-se junto à mesa com seus filhos e desfrutar de tudo aquilo que somente eles tinham acesso.

Davi restituiu àquele homem todas as propriedades que haviam pertencido a Saul e ordenou que seus servos trabalhassem para Mefibosete. A partir daquele dia, o filho de Jônatas teria alguém administrando suas terras para que não faltasse mais o conforto e o sustento que ele tanto precisava. Da miséria de Lo-Debar e da auto-imagem extremamente negativa – como se fosse um cão morto – Mefibosete passou a ser um homem próspero e honrado.

Numa época, num contexto onde a sociedade e a religião (inclusive o judaísmo) afirmavam que o portador de deficiência era alguém debaixo de uma maldição colocada por Deus, que precisava viver isolado para não contaminar as demais pessoas, Davi prefere agir pelo amor e ouvir a voz do seu coração para exercitar a bondade e a justiça de Cristo. Ele podia conformar-se aos valores e preconceitos de seu tempo e não fazer nada, mas preferiu ser instrumento da graça de Deus. Assim, ele atingiu diretamente o coração e as emoções de Mefibosete, restaurando de volta a sua dignidade e trazendo-o para o seu lugar de origem – o palácio do rei.

A deficiência não é a vontade de Deus, não é um castigo e não tem um sentido em si mesma, se vista isoladamente. Se há algum sentido na deficiência, creio que seja a sua superação. E a mais fantástica superação é quando os portadores de deficiência são incluídos na vida social, na vida da Igreja, sendo tratados com respeito e amor. Eles compreendem que são importantes, preciosos e tão amados como qualquer outra pessoa.

A Igreja é o único lugar – por causa da graça de Deus – onde pessoas tão diferentes, com histórias tão diversas podem conviver sendo iguais – como filhos de Deus. Quando experimentamos dessa graça, desse amor incondicional, sentimos que somos verdadeiramente preciosos e isso dá cor e sentido para vivermos amando a Deus, uns aos outros e servindo, apesar das deficiências (que todos temos).

Rompendo as barreiras da indiferença

O Evangelho não conhece fronteiras. Saiu da Palestina e do judaísmo para alcançar os samaritanos e os gentios, incluindo sucessiva e crescentemente mulheres, crianças, escravos, pobres, brancos, negros, índios e todos povos até os confins da terra (Atos 1.8).

Todavia, um grupo especial não recebeu e nem tem recebido a atenção necessária por parte da Igreja: os portadores de necessidades especiais. Ainda são poucas as congregações que têm se despertado para acolher, evangelizar, ensinar e tornar as pessoas portadoras de deficiência participantes ativas dos cultos, dos ministérios e outras programações.

Ir ao encontro das crianças portadoras de necessidades especiais, evangelizá-las e adequar nossas instalações físicas e programas para atendê-las e apascentá-las não é um favor para atender a um suposto "modismo" de inclusão social ou uma concessão a um grupo que exige atenção especial da Igreja. Atender de forma carinhosa, solidária, criteriosa os portadores de deficiência é uma missão, um encargo. Jesus veio para salvar todas as pessoas, inclusive as portadoras de deficiência.

Devemos começar imediatamente a nos preparar para evangelizar, acolher e apascentar as crianças portadoras de necessidades especiais. Mesmo que não tenhamos uma estrutura perfeita ou que não exista ainda pessoas portadoras de necessidades especiais em nossa Igreja, temos de sinalizar para a comunidade (para a cidade, para o mundo) que todos são bem-vindos em nosso meio, por causa da grande comissão do Senhor. Quando cumprimos a vontade do Pai, atraímos todos para o nosso meio.

As pessoas portadoras de necessidades especiais não irão aonde não conseguem entrar, não conseguem permanecer ou não se sentem confortáveis e incluídas. Imagine uma pessoa cadeirante que vem para assistir o nosso culto e não é recebida com um bom dia, ou com um "posso ajudar"? Somente para as pessoas saírem do conforto de suas casas e virem, já é um desafio. Penso que, ao chegarem, cada um deve ser recebido com alegria, com atenção e honra. Isso gera um efeito cascata: aqueles que vão a um lugar e são bem recebidos, sempre trazem seus familiares, amigos e vizinhos. Contudo, se alguém não é bem tratado, além de não voltar àquele lugar ainda se torna um empecilho para que outros venham.

Se em nossa Igreja houver uma ou duas crianças portadoras de alguma necessidade especial, vamos nos aproximar e tratá-las como qualquer outra criança. Elas não se sentirão como "um peixe fora d'água", mas como membros da família de Cristo. É nosso encargo que cada membro se sinta enxergado, cuidado, incluído, alimentado e capacitado para ser discípulo de Jesus.

Precisamos deixar que o Espírito Santo remova todas as escamas que têm nos impedido de ver e valorizar as pessoas portadoras de qualquer necessidade. Ou seja, devemos ministrar o grande amor de Deus a todos, inclusive a elas. Se necessário, usemos palavras.

Na verdade, as pessoas conhecem verdadeiramente a Deus através do amor. Por isso, a inclusão das pessoas portadoras de necessidades especiais é um serviço maravilhoso de evangelismo. Se Deus deseja que todos sejam salvos, a Igreja tem o dever e a comissão de ir ao encontro de todas as pessoas.

Precisamos ler, pesquisar, aprender mais sobre como suprir essas necessidades especiais. É necessário criarmos na Igreja uma agenda para tratarmos desse assunto. Seja nos cultos, nas reuniões de discipulado, nas reuniões do presbitério, ou nas células, esse deve ser um encargo de cada membro. O evangelismo e os serviços de ação social devem ser planejados e executados de modo que sejam alcançadas também as pessoas portadoras de necessidades especiais.

Mas, se em último caso a Igreja local não conseguir criar uma estrutura para a participação plena dessas pessoas portadoras de necessidades especiais, que ao menos elas se sintam extremamente amadas e valiosas. Que a comunhão da família de Deus seja o melhor lugar para elas. É papel da Igreja manifestar o céu na terra. E, como acontece quando chegamos a qualquer lugar, todos gostamos de respeito, educação e cortesia.

Assim sendo, seja com quem for que estivermos tratando, independente da condição física, classe social ou qualquer outro fator, há uma regra de ouro que faz a nossa vida e a vida dos demais sempre melhor. Esta regra é abençoar. Receba as pessoas com a melhor saudação, com o melhor sorriso: sê tu uma bênção! Seja um canal da graça de Jesus na vida de todos ao seu redor, ame a todos independentemente do seu estado físico ou emocional, pois Jesus morreu e ressuscitou para TODOS.

Uma palavra aos portadores de necessidades especiais

Lembre-se que todos nós – todo ser humano – somos necessitados de algo e isso não nos faz melhores ou piores em nada. Mas a maneira que enxergarmos isso faz total diferença. Mesmo que sejamos diferentes, todos necessitamos do mesmo Espírito Santo, que nos ajuda a vencer diariamente nossas limitações e superar nossos obstáculos.

Deus amou a todos de forma plena e absoluta e isso inclui qualquer tipo de pessoa, independente da condição física ou emocional. A Bíblia afirma que Ele amou o mundo de tal maneira que deu seu Filho unigênito para que todo o que nEle crê não pereça, mas tenha a vida eternal (Jo 3.16). Se você creu no Senhor Jesus, você foi feito filho de Deus, herdeiro de todas as Suas promessas.

Você é filho amado, em quem o Senhor se compraz. Não importa o que aconteça, nem quais sejam as circunstâncias, lembre-se disso todos os dias. Se a sua necessidade está no campo emocional, intelectual, físico ou em qualquer outra esfera, lembre-se que independente de qualquer situação, você é amado e bendito do Pai. Deus tem grandes planos para sua vida, sonhos a serem realizados e a promessa da cura a ser experimentada, pois Jesus já levou sobre Si TODAS as nossas doenças e enfermidades. Pelas Suas pisaduras fomos sarados e curados (Isaías 53:4-5). Essa cura física e emocional é para nós, assim como foi para Mefibosete.

Confie em Deus. Busque força, capacitação e superação no Senhor. Todas as Suas promessas são também para as pessoas com necessidades especiais. As bem-aventuranças do Senhor (Mt 5.1-12), a promessa do revestimento de poder do Espírito Santo

(At 1.8), a salvação pela graça mediante a fé (Ef 2:8) e a herança do Reino (Rm 8:17) foram dadas à todos os filhos, independente de sua condição física ou emocional. Por isso, seja você também alguém que se enxerga como filho assentado à mesa do Rei.